Barbara und Ben Jakob

Partnerschaft gemeinsam leben

skv edition

Bildnachweis:
Umschlagbild: W. Rauch
Innenbilder: S. 4: H. Jaschhof; S. 9: P. Santor; S. 17: U. Schneiders; S. 25: J.-C. Fedy; S. 33: T. Städler; S. 41: M. Ruckszio; S. 49: P. Santor; S. 57: K. Radtke

Die Deutsche Bibliothek – CIP-Einheitsaufnahme

Jakob, Barbara:
Partnerschaft gemeinsam leben / Barbara und Ben Jakob. –
Lahr : SKV-Ed., 1994
(Kleine Reihe zu Lebensfragen ; Nr. 93058)
ISBN 3-87729-597-5
NE: GT

ISBN 3-87729-597-5
Kleine Reihe zu Lebensfragen 93058

Gesamtherstellung:
St.-Johannis-Druckerei, 77922 Lahr
Printed in Germany 3554/1994

Inhaltsverzeichnis

Vorwort

Seit über 20 Jahren üben wir Freundschaft, Partnerschaft und Ehe. Gemeinsam sind wir auf dem Wege, das Wirklichkeit werden zu lassen, was im Gesetzbuch so trocken über Ehe steht: »Pflicht zu ehelicher Lebensgemeinschaft, zur häuslichen und Geschlechtsgemeinschaft, zur ehelichen Treue, zur Regelung gemeinsamer Angelegenheiten, zu Beistand und Rücksichtnahme.«
Täglich werden wir mit neuen Formen, Ideen und Forderungen konfrontiert, wie moderne Partnerschaft sein soll. Und wohl kaum etwas ist so vielschichtig und schwierig zu beschreiben wie eben diese Partnerschaft zwischen Mann und Frau. Denn jeder Mensch und jede Partnerschaft ist anders.

Wir möchten Sie teilhaben lassen an einigen Gedanken, die uns geholfen haben, unsere Partnerschaft lebendig zu erhalten. Nicht als die großen Experten, die alles wissen, sondern als Menschen, die vieles miteinander

erlebt haben: Studienreise als »Tramper« während der Hippie-Zeit durch die USA, sieben Umzüge, acht Jahre Auslandsaufenthalt und drei Kinder . . . Zu Beginn unserer Ehe erhielten wir selbst von anderen wertvolle Anregungen und Hilfe zur Gestaltung unserer Partnerschaft und haben auch heute nicht ausgelernt.
Vielleicht helfen Ihnen unsere Anregungen, gemeinsam über Ihre Ehe und Partnerschaft nachzudenken. Wir wünschen Ihnen und uns, daß wir Gewinner sind in dieser wichtigsten Beziehung unseres Lebens!

Barbara und Ben Jakob

Was ist eigentlich Partnerschaft?

»Was sind wir für ein tolles Paar!« Die jungen Leute standen vor dem großen Spiegel in der Halle. Sie schmiegte sich zärtlich an ihn: »Weißt du, wenn mir jemand gesagt hätte, ich würde mich so Hals über Kopf verlieben, ich hätte es nicht geglaubt!« Liebevoll schaute er in ihre Augen und meinte: »Ich wollte mich ja auch nie binden, aber jetzt, mit dir . . .« Die beiden erfolgreichen Menschen mit ihren klaren Lebensvorstellungen zogen zusammen, »probten« Partnerschaft für einige Zeit, und schließlich heirateten sie. Einige Jahre später erfuhr eine schockierte Verwandtschaft, daß dieses ideale Paar sich getrennt hatte. Was war nur geschehen?
Partnerschaft ist mehr als ein gutes Gefühl, mehr als ein Vertrag, mehr als Rollenverständnis und erfordert viel mehr, als nur zusammenzuleben:
Partnerschaft ist vor allem die Einstellung und Haltung zweier Menschen zueinander, die ihr Leben miteinander teilen wollen.

Zur Partnerschaft gehören also immer zwei vorerst ganz unabhängige Menschen. Zwei so ganz »eigene« Menschen lernen sich kennen, verlieben sich und lassen sich aufeinander ein. Und wie zwei unterschiedlich geformte Ringe sich erst abschleifen müssen, um aufeinander zu passen, so beginnt mit dem Zusammenleben auch ein »Schleifprozeß«.

Ein jeder von uns bringt seine ganze Vergangenheit, seine Erziehung, seine Erfahrungen, seine Bildung und auch seine Verwandtschaft mit in diese neue Beziehung hinein. Und natürlich hat ein jeder seine eigenen, meist unbewußten Vorstellungen von Partnerschaft. Diese können und sollten durch das Gespräch miteinander ans Licht geholt werden. Denn nur so gewinnen wir Klarheit darüber, wie wir eigentlich Partnerschaft und Alltag miteinander gestalten und leben wollen.

In der heutigen Konsumgesellschaft leidet Partnerschaft, weil sie zum Produkt geworden ist, das man so lange benutzt, wie es

funktioniert (nach eigenen Vorstellungen natürlich), und wenn es nicht mehr klappt, wirft man es weg und sucht sich ein anderes. »Wir passen nicht zusammen, er/sie war nicht der/die Richtige für mich«, hören wir oft als Begründung für eine Trennung.
Wir haben bei uns ziemlich schnell gemerkt, daß Partnerschaft in erster Linie heißt, der richtige Partner zu sein. Wir Menschen erwarten ja – egoistisch wie wir sind – immer vom anderen, daß er sich so verhalten solle, wie wir das gerne möchten. Diese Einstellung ist einfach und ziemlich »billig«, aber leider viel mehr verbreitet, als wir denken. Die größere Herausforderung ist es, Partnerschaft als Möglichkeit zum eigenen Wachstum zu betrachten und so der »richtige« Partner für den anderen zu werden.

Einige Grundsätze haben uns geholfen, mit dieser Einstellung unsere Ehe und Partnerschaft zu gestalten:

1. Füreinander – nicht gegeneinander

»Marmor, Stein und Eisen bricht, aber unsere Liebe nicht ...« Wie glaubten wir doch, einen Schutzwall der Liebe gegen die Welt zu haben, den niemand zerstören könnte! Aber »Liebestöter« Alltag kommt nur allzufrüh in die ganze Romantik hinein, und plötzlich bin ich gar nicht mehr so sicher, ob wir denn nun wirklich »füreinander bestimmt« sind ...
Dem armen Alltag wollen wir aber nicht die Schuld zuschieben, daß sich viele Paare auseinanderleben. Wir entscheiden nämlich, was wir mit dem »Alltag« machen – und letztlich, ob unsere Partnerschaft auch noch nach Jahren »etwas bringt«.
Dieses »füreinander – nicht gegeneinander« ist wiederum eine Haltungsfrage. Nehme ich vom anderen wirklich das Beste an? Denke ich auch bei schwierigen Meinungsverschiedenheiten und in Krisenzeiten, daß wir uns durchbeißen und trotz allem zusammenhalten wollen?
Was wir damit meinen, läßt sich gut an dem

Beispiel Tennis erläutern. Viele Paare spielen zu Beginn ihrer Partnerschaft ein gutes »Doppel«: Sie befinden sich auf der gleichen Platzhälfte, müssen sich gemeinsam gegen den Gegner wehren und miteinander versuchen, das Beste aus dem Spiel zu machen, um zu gewinnen. Da ist mal der eine vorne am Netz, dann wieder der andere. Jeder muß dem anderen helfen, sein ganzes Können ins Spiel hineinzugeben.

Aber zu oft geschieht es, daß aus dem »Doppel« ein »Einzel« wird – zuerst nur ab und zu, dann immer häufiger. Und es gibt kaum eine Sportart – außer vielleicht Boxen – bei der es fieser zugeht als beim Tennis. Da versucht der Gegner alles, den anderen auszutricksen: Erst ein ganz kurzer Ball, knapp hinters Netz, dann ein weiter Lop, damit der andere wirklich rennen muß, um ihn noch zu erreichen.

So ähnlich sieht es leider in vielen Ehen aus. Man merkt es beim Umgang der Paare miteinander . . . Einer läßt eine abwertende Bemerkung in Anwesenheit von Freunden

fallen oder behandelt den anderen bewußt provozierend und lieblos, mit der Haltung: Hauptsache, ich mache den Punkt, und der andere läuft ins Leere . . .
Wir sind fürs »Doppel« geschaffen worden, und das heißt: Zusammenhalten um fast jeden Preis – um miteinander das Spiel des Lebens zu gewinnen!
Was »spielen« Sie in Ihrer Partnerschaft? Sind Sie »Doppelspieler« oder »Einzelkämpfer«? Wie würden Sie Ihre Partnerschaft beschreiben?

2. Einander annehmen

In der besten »Betriebsanleitung« für den Menschen – der Bibel – steht der Satz: »Nehmt euch gegenseitig an, so wie ihr seid, denn auch Christus hat euch ohne Vorbehalte angenommen« (Römerbrief 15,7). Diese Aufforderung gilt für alle Menschen in allen Beziehungen.

Damit ich lernen kann, meinen Partner wirklich anzunehmen, muß ich eine Voraussetzung erfüllen: Ich muß mich selbst ganz und gar angenommen haben und mich selbst lieben. Erst durch echte Selbstannahme werde ich überhaupt beziehungsfähig. Erst dadurch werde ich annahme- und liebesfähig. Jesus hat uns nicht umsonst das Gebot gegeben: »Liebe deinen Nächsten wie dich selbst.«

Lange Zeit hatte ich (Barbara) große Schwierigkeiten, mich selbst anzunehmen. Irgendwie war das Muster vorhanden: »Wenn du dich selbst liebst, dann ist das Stolz. Also sei demütig, setz dich lieber runter, du bist nicht

wichtig . . .«. Obwohl ich nach außen ein fröhlicher Mensch zu sein schien, konnte ich mich nicht leiden. Ich wagte nicht, zu meinen guten Seiten zu stehen oder überhaupt zu glauben, welche zu haben. Zu Beginn unserer Ehe brach dann vieles auf. Immer, wenn Ben mir Komplimente machte, dachte ich: Na, ja, red du nur, ich weiß eh besser, wie schlecht ich bin.
Die Folge dieser Haltung mir selbst gegenüber war oft Niedergeschlagenheit bis hin zur Depression. Ben fühlte sich sehr hilflos, weil ich einfach nicht glauben konnte und wollte, daß er mich liebte, so wie ich war. Ich befand mich in einem Teufelskreis: Ich dachte, ich wäre nicht liebenswert, wer sollte mich schon mögen. Aus diesem Grund brauchte ich ständig neue Bestätigung, aber wenn ich sie erhielt, glaubte ich nicht daran.
Eine Tagung brachte für mich eine entscheidende Wende. Ein christlicher Psychologe sprach in seinen Vorträgen darüber, wie jeder Mensch als einzigartiges Geschöpf Gottes sich selbst annehmen müsse, um überhaupt

andere annehmen zu können. In einem persönlichen Gespräch schilderte ich ihm meine Probleme, meine Schwächen, meine häufige Niedergeschlagenheit. Er hörte aufmerksam zu und stellte mir dann die Frage: »Zählen sie mir doch Ihre Stärken auf.« Ich war völlig sprachlos. Ich hatte Hilfe für meine Fragen erwartet, aber nicht das. Verlegen habe ich geschwiegen, bis er fortfuhr: »Nun haben Sie mir Ihre Probleme geschildert, Sie haben mir Ihre Schwächen aufgezählt, aber es scheint mir, daß Sie Ihre Stärken nicht kennen oder Angst haben, zu ihnen zu stehen. Was bleibt Ihnen dann noch?« - »Nichts«, meinte ich nach kurzem Überlegen. »Das sind Sie im Augenblick – nichts – und werden es bleiben, wenn Sie nicht lernen, Ihre guten Seiten, Ihre Stärken anzunehmen.«
Diese Begegnung war für mich ein entscheidender Wendepunkt in meinem Leben und in unserer Partnerschaft. Zum ersten Mal begann ich zu begreifen, daß Gott, an den ich glaubte, mich auch wirklich liebte, so wie ich war. Er wollte, daß ich mich mochte (er

mochte mich ja auch)! Ich sollte meine Stärken entwickeln und entfalten, mich darüber freuen und dafür dankbar sein.
In unserer Partnerschaft hat sich dadurch über die Jahre vieles zum Positiven verändert. Ich lernte, zu meinen Stärken zu stehen, reagierte nicht mehr so empfindlich auf Kritik und war nicht mehr so sehr auf Bestätigung angewiesen. Und weil ich mich nun endlich selbst annehmen und akzeptieren konnte, lernte ich auch mehr und mehr, meinen Mann anzunehmen, wie er war. Vorher hatte ich oft kritisiert und genörgelt. Kleinigkeiten regten mich auf, weil ich mich doch immer vor mir selbst behaupten mußte.
Ich möchte mich aber beeilen zu sagen, daß »sich selbst annehmen« nicht nur ein Problem von Frauen ist!
Ich (Ben) habe viele Männer kennengelernt, die sich nicht annehmen können. Dies zeigt sich meist etwas anders als bei Frauen. Männer neigen dazu, mangelndes Selbstwertgefühl durch Statussymbole aufzupolieren oder ihre Machtposition im Beruf und zu Hause

auszuspielen. Ein solches Verhalten wirkt sich besonders nachteilig auf eine Partnerschaft aus. Extremauswirkungen dieser Haltung können sein: völlige Kontrolle über die Partnerin ausüben zu wollen, Verweigern von Kommunikation bis hin zu Affären und ähnlichen Fluchtversuchen.
Ich weiß selbst, wie wir Männer von unserer Leistungsgesellschaft her Gefahr laufen, immer die Starken sein zu wollen. Wir stehen permament unter Erfolgsdruck im Beruf und im Privatleben. Probleme darf es nicht geben. Ich habe aber gelernt, daß ich erst dann richtig Mensch und richtig Mann bin, wenn ich lerne, auch meine Schwächen anzunehmen, zu ihnen zu stehen und mich nicht als Maßstab aller Dinge zu betrachten. Ich bin nicht der Held, der nicht schwach sein darf! Diese Haltung ist für mich die Voraussetzung dafür, Barbara ganz annehmen zu können und sie in ihren Begabungen zu fördern. – Sie tut das ja auch mit mir.
Mangelndes Selbstwertgefühl kann sich in der Partnerschaft auch in übertriebener Eifer-

sucht zeigen oder in der Haltung, die den anderen fühlen läßt: Eigentlich bist du ein Nichts, ich kann es doch besser. In der Lebensmitte brechen viele Partnerschaften auseinander, weil der eine oder andere sich ständig durch außereheliche Beziehungen sein mangelndes Selbstwertgefühl aufpolieren oder sich den entscheidenden »Kick« wieder holen muß.

Oft liegen die Ursachen für solche Verhaltensweisen in der Vergangenheit. Verletzungen aus der Jugendzeit, z.B. durch eine gescheiterte Ehe der Eltern oder andere traumatische Erlebnisse, können Auslöser für mangelndes Selbstwertgefühl sein. Aber niemand muß dabei stehenbleiben! Ist nicht gerade die Partnerschaft dazu da, sich gegenseitig im persönlichen Wachstum zu helfen, damit wir heil werden können?

Manchmal ist es notwendig, fachmännische Hilfe in Anspruch zu nehmen, manchmal helfen auch offene Gespräche mit guten Freunden. Der erste Schritt liegt aber in jedem

Fall bei uns selbst, und wir sollten ihn tun, ehe es zu spät ist.
Können Sie sich ganz und gar annehmen? Mögen Sie sich? Wie würden Sie Ihr Selbstwertgefühl beschreiben? Kennen Sie Ihre Stärken? Sind Sie dabei, Ihren Partner anzunehmen mit seinen Schwächen, Ecken und Kanten? Können Sie über Ihre Schwächen miteinander sprechen, ohne daß sofort Konflikte entstehen?

3. Einander aufbauen

Eine Frau kam zum Eheberater. Sie wollte sich scheiden lassen und von ihm Ratschläge holen, wie sie am besten vorgehen sollte. Er hörte lange zu, wie sie über ihren Mann klagte, der kaum mit ihr rede und sich nicht mehr um sie kümmere. »Ich sehe ihre Schwierigkeiten«, meinte der Eheberater, »und ich denke auch, daß es vermutlich keinen großen Sinn mehr hat, Ihre Ehe aufrecht zu erhalten. Aber ich würde Ihnen vorerst folgendes empfehlen: Sie versuchen, Ihrem Mann an jedem Tag irgendein Kompliment zu machen. Irgend etwas wird ihnen sicher einfallen. Dann, wenn er so richtig merkt, was er an ihnen hat, reichen sie nach ein paar Monaten die Scheidung ein.« Die Frau fand die Idee interessant, befolgte den Rat und freute sich auf die süße Rache. Nach einem halben Jahr kam sie wieder zum Eheberater und meinte: »Sie werden es nicht glauben, aber mein Mann hat sich so sehr verändert,

daß ich doch mit ihm zusammenbleiben will.«
Sind wir doch ehrlich: Jeder Mensch braucht Anerkennung und ein wenig Bewunderung! Aber in unserer negativen Zeit haben wir es verlernt, das Gute zu sehen, sei es in unserer Welt oder beim anderen Menschen. Der »Kleine Prinz« sagt das schöne Wort: »Man sieht nur mit dem Herzen gut, das Wesentliche ist für die Augen unsichtbar.« Lassen wir uns Herzensaugen für unseren Partner schenken!
Wissenschaftler haben herausgefunden, daß jeder Mensch an jedem Tag zwölfmal irgendwie liebevoll berührt werden sollte, damit sein emotionales Gleichgewicht erhalten bleibt. Und Kinder, einmal getadelt, sollten viermal gelobt werden, damit ihr Selbstwertgefühl die Waage behält. (Sind wir nicht alle noch Kinder?)
Einander aufbauen ist eigentlich relativ einfach. Es kostet uns nichts als den Willen, es zu lernen und auch zu tun. Ich (Barbara) erlebe es täglich, wieviel leichter geschimpft

ist als gelobt. Tausendmal sagt man zu den Kindern: »Stell deine Schuhe ordentlich hin! Hänge die Jacke auf!« Aber loben, wenn sie es dann gemacht haben? Ich vergesse es so oft, daß sich sogar die Kinder schon drüber beklagt haben.

Üben wir uns doch darin, Komplimente zu verteilen: Dein Kleid ist aber hübsch! Du siehst heute gut aus! Das hast du toll gemacht! Ich freue mich, daß du anrufst! Wie schön, dich zu sehen! – Machen Sie die Probe aufs Exempel: Verteilen Sie in den nächsten Tagen Komplimente – Sie werden viele erstaunte Gesichter sehen!

Einander aufbauen mit Berührungen, einer Umarmung, einem Streicheln beim Vorbeigehen. Einander aufbauen mit etwas Überraschendem, das den Tag verschönert: ein Blümchen auf dem Tisch, einige nette Zeilen irgendwo hingeschmuggelt. Der Phantasie sind keine Grenzen gesetzt!

Bauen Sie einander auf? Fangen Sie heute damit an, denn: Kritiker haben wir genug!

4. Miteinander reden

Mangelnde Kommunikation in der Partnerschaft ist Ursache Nummer eins, daß Ehen auseinandergehen. Eine Umfrage vom Institut Allensbach hat ergeben, daß nach fünf Jahren Ehe die meisten Paare pro Woche nur noch neun Minuten miteinander reden! Zur Zeit der Verliebtheit ist ja das Beisammensein und Miteinanderreden das Wichtigste. Man möchte alles vom anderen wissen, ihn kennenlernen, etwas über seine Gedanken und Gefühle erfahren.
Über was sollte denn zu Beginn und im Lauf der Ehe immer wieder neu nachgedacht werden?

A. Wer ist denn nun der Boß?

Das Rollenverständnis von Frau und Mann, das noch vor einigen Jahrzehnten galt, ist erdrutschartig ins Wanken geraten. Es hat durch die Jahrhunderte in unserer westlichen

Kultur immer verschiedene Stadien – vor allem für die Frau – gegeben. Im Mittelalter, so schreibt die Historikerin Régine Pernoud, wurden die Frauen als gleichwertig geachtet, konnten selbst ein Geschäft eröffnen und Handel betreiben. Die vielgerühmte Renaissance hat die Frauen dann wieder hinter die Bühne des Lebens, an den »Herd«, verbannt. So ist es eigentlich nur verständlich, daß Frauen zu Beginn der Jahrhundertwende für ihre Rechte zu kämpfen begannen. Vieles ist durch die Frauenbefreiungsbewegung ausgelöst worden. Frauen möchten gleichwertige Partnerin des Mannes sein und nicht mehr nur einfach die Dienerin zu Hause. Nein, die Frauen drängen auf die Bühne des Lebens zurück und haben fast alle Bereiche erobert. Die Folge davon ist jedoch, daß viele Männer verunsichert sind und nicht wissen, wie sie mit der »neuen Frau« umgehen sollen. Es ist nicht mehr klar, wer denn nun »Herr im Hause« ist . . .

Im folgenden möchten wir einige Möglichkeiten von Rollenverständnis aufzeigen:

– Der Mann ist der Herr im Haus und meint: »Ich bin der Boß und sage, wo's langgeht. Nur meine Meinung gilt. Bei uns kann nicht jeder machen, was er will. Frau, du bist da, um mir zu dienen und die Kinder aufzuziehen.«
– Der Ehemann versucht zu Beginn der Partnerschaft, seine Verantwortung wahrzunehmen, aber seine Frau mag das nicht. Vielleicht hat sie das Gefühl, das Leben besser managen zu können als er. Sie traut ihm nicht. Es gab zu Beginn der Partnerschaft kein Gespräch und keine Klarheit über das Zusammenleben im Haushalt. Wir können den Mann direkt sagen hören: »Ich bin der Herr hier im Haus, aber ich komme nicht unter dem Bett hervor.«
– Mann und Frau arbeiten als ein »Team von Gleichen« zusammen, und beide sind sich bewußt, daß jeder Gaben und Fähigkeiten besitzt, die der andere zu seiner vollen Entfaltung und Ergänzung braucht. Aber sie erkennen beide, daß jede Mann-

schaft einen Kapitän benötigt, um ein Chaos zu vermeiden.
– Mann und Frau leben in einer Art von Koexistenz zusammen. Das ist eine verhältnismäßig neue Erscheinung. Wissenschaftliche Experimente zeigen jedoch auf, daß sich in jeder Gruppe von menschlichen Wesen oder Tieren sehr bald ein Leiter einstellt, sei es durch Auswahl oder Machtkampf. »Friedliche« Koexistenz ist nur möglich, wenn die Partner kaum mehr etwas miteinander zu tun und nur noch Wohngemeinschaft haben.
– Die Frau hat die Führung inne: Sie übernimmt die Hauptverantwortung für die Familie, weil es sich so ergeben und ihr Mann in den ersten Jahren der Ehe keine Verantwortung übernommen hat. Das geschieht auch dann, wenn der Mann sich in Schweigen zurückzieht. Die Frau muß das Sprechen und schließlich das Denken für die Familie übernehmen.
Welche der genannten Möglichkeiten entspricht am ehesten Ihrer Partnerschaft? Welche scheint Ihnen die beste Lösung zu sein?

Wir haben in unserer Partnerschaft versucht, die Ratschläge aus dem Neuen Testament zu befolgen, die der Apostel Paulus den Ephesern schrieb. Der arme Paulus kommt in diesem Zusammenhang zwar immer ganz schlecht weg, denn viele Leute, vor allem Frauen, kennen aus dem Buch der Bücher nur den einen Satz: »Die Frau sei dem Manne untertan!« – und sie hassen ihn.
Aber wie so oft, wenn Sätze aus ihrem Zusammenhang gerissen sind, ergeben sie nicht den Sinn, der damit gemeint war. Es geht bei den Anregungen von Paulus um die moderne Partnerschaft von »zwei Gleichen«, denn da heißt es als erstes: »Einer soll sich dem anderen unterordnen, so ehrt ihr Christus« (Epheserbrief 5,21). Wir verstehen das so, daß wir gemeinsam – auf gleicher Ebene – vor Gott stehen und deshalb auch ein »Team von Gleichen« sind. Paulus erhärtet das, indem er schreibt: »Jetzt ist es nicht mehr wichtig, ob Ihr Juden oder Griechen, Sklaven oder Freie, Männer oder Frauen seid: In Christus seid ihr alle eins« (Galaterbrief 3,28).

Wir haben erlebt, daß unsere Partnerschaft nur dann funktioniert, wenn wir immer wieder bereit sind, uns gegenseitig unterzuordnen. Im praktischen Alltag heißt das ganz einfach: Jeder von uns muß bereit sein, mal nachzugeben. Wir wollen Kompromisse schließen und gemeinsam den besten Weg suchen, unsere Probleme zu lösen.
Vielleicht müssen wir zu dem »Team von Gleichen« noch das zufügen, was Theologieprofessor Dr. Norbert Baumert so beschreibt: »Mann und Frau sind miteinander ›Bild Gottes‹, beide gleich ursprünglich. Wenn der Mann in der Bibel ›Haupt der Frau‹ genannt wird, ist damit nicht ›Oberhaupt‹ gemeint (so wie viele Kirchenleute das gern interpretieren), sondern Paulus spricht vom ›Kopf‹, und dies meint im Griechischen soviel wie Ursprung, Quelle, Ausgangspunkt. Die Frau ist auch nicht etwa ›für‹ den Mann geschaffen oder ›Abglanz‹ des Mannes, als ob sie eine geminderte Form seiner Pracht wäre, sondern sie ist von Gott vom Mann her entworfen als seine ›Herrlichkeit‹ – gleichsam die Vollen-

dung seines Menschseins. Ist der Mann ohne die Frau glanzlos, so ist die Frau ohne ihn grundlos. Beide können nur in Beziehung zueinander existieren und sich entfalten.«

Zum Thema »Unterordnung« habe ich (Ben) in einem Magazin mit dem Titel »Erlöste Partnerschaft« den Satz gelesen: »Bevor jemand den Mund aufmacht und einer Frau erklärt, sie möge sich ihrem Mann unterordnen, muß er selbst die Lektion gelernt haben, sich nicht bedienen zu lassen.« Der Satz stand im Zusammenhang mit der Geschichte in der Bibel, wo Jesus den Jüngern die Füße gewaschen hat.

Von einem Freund erhielt ich kurz nach unserer Hochzeit ein Buch mit dem Titel: »Do yourself a favour – love your wife« (Tu dir selbst etwas zuliebe – liebe deine Frau). Der Titel des Buches geht auf die Aufforderung der Bibel zurück, nach welcher der Mann die Frau lieben soll wie seinen eigenen Körper. Ich habe mir die Gedanken aus jenem Buch sehr zu Herzen genommen und versucht, sie in unsere Partnerschaft einzubringen. Den

»Erfolg« kann ich nur bestätigen! Einige Dinge, auf die ich als Mann in der Partnerschaft achten kann:

– Ich will versuchen, die Kommunikation offenzuhalten. Gerade wir Männer müssen uns bemühen, dem Bedürfnis der Frauen nach Gespräch und Gedankenaustausch Rechnung zu tragen. Unsere Frauen haben uns oft Wichtiges mitzuteilen, und wir sollten dann auch wirklich zuhören. »Wer redet, hat die Macht. Deshalb hören Männer so ungern zu.« Diese Feststellung macht Deborah Tannen in ihrem Bestseller »Du kannst mich einfach nicht verstehen«. Natürlich ist es schwierig und fast unmöglich, Frauen immer zu verstehen, aber versuchen können wir es.

– Ich will meine Frau an meinen innersten, tiefsten Gedanken und Gefühlen teilhaben lassen und lernen, mit ihr darüber zu reden. Mich kostete es vor allem viel Überwindung, über Verletzungen zu sprechen, zuzugeben, wenn andere mir weh getan hatten. Ich bemerkte, wie ich ein Meister im Verdrängen bin . . .

– Meine Frau ist nicht nur Nummer zehn meiner Mitarbeiter. Sie ist die wichtigste Person in meinem Leben und verdient mein wirkliches Verständnis. Ich habe festgestellt, daß es ein weitverbreitetes Problem unter uns Männern ist, unsere Frauen einfach als eine »Verlängerung« der Geschäftsbeziehungen zu sehen oder als Privatsekretärin für ungeliebte Aufgaben. Eine solche Haltung gibt Frauen das Gefühl, nicht so wichtig oder leicht ersetzbar zu sein.
– Meine Frau hat wertvolle Begabungen und Fähigkeiten. Ich will Barbara ermutigen, diese einzusetzen, wo immer ich kann. Das heißt dann ganz praktisch, daß ich auch bereit bin, »Opfer« zu bringen, meine Wünsche einmal zurückzustellen, damit meine Frau das tun kann, was ihr Freude und Spaß macht. So muß ich auch ab und zu den Haushalt übernehmen (was ich eigentlich nicht gern tue), wenn meine Frau beruflich unterwegs ist. Aber ihre Befriedigung ist viel wichtiger!
– Kleine Liebeszeichen setzen: Seit Beginn

unserer Ehe habe ich dafür gesorgt, daß wir mindestens einmal pro Jahr für ein Wochenende ohne Kinder wegfahren konnten (außer wenn Barbara stillte). Wir hatten nicht viel Geld, und manchmal hieß »Wegfahren« nur, in die leere Wohnung von Freunden zu ziehen. Aber es war uns beiden wichtig, Zeit für uns allein zu haben: Nur wir zwei und viel Zeit für Spaziergänge, für Gespräch und die Liebe.

Und nun zu uns Frauen. Wir wissen, daß viele Männer, auch in der Kirche, die biblische Aufforderung zur Unterordnung für ihre Zwecke mißbraucht und Frauen dadurch unterdrückt haben.
Wenn Paulus nun die Männer auffordert, ihre Frauen zu lieben, wie Jesus Christus die Gemeinde geliebt hat, dann will ich mir als Frau zuerst einmal den Umgang von Jesus mit den Frauen anschauen und mich dann fragen, was »Unterordnung« ganz praktisch bedeuten könnte.
Jesus hat in bezug auf Frauen alle Regeln

und Gesetze der damaligen Zeit gebrochen. Er gab der Frau einen neuen Stellenwert. Er unterhielt sich in aller Öffentlichkeit mit ihnen (was damals nicht üblich war), er kümmerte sich um ihre Bedürfnisse und ließ sich sogar von einer verrufenen Frau die Füße mit Öl salben. Nach seiner Auferstehung erschien er zuerst drei seiner Jüngerinnen.
Eigentlich finde ich die Aufforderung der Bibel an die Männer, ihre Frauen hingebungsvoll zu lieben, wesentlich anspruchsvoller als die Aufforderung an uns Frauen, uns »unterzuordnen«. Ich möchte diesen Begriff mit »anerkennen und vertrauen« umschreiben. Es gibt einige wichtige Dinge, die ich als Frau tun kann:

– Ich bin bereit, für uns ein »Heim« zu schaffen, weil ich erlebe, daß die Frau größtenteils die Atmosphäre prägt, die in einer Familie spürbar wird. Ich möchte dazu beitragen, daß sich alle wohlfühlen, ohne dabei die Dienerin zu sein. Flexibilität ist eine Herausforde-

rung für mich, das Karussell eines Haushaltes und einer Familie in Gang zu halten.
Der bekannte Schweizer Obdachlosenpfarrer Ernst Sieber schreibt in einem seiner Bücher über den Versuch, seine Frau und die acht Kinder zu malen: »Ich wollte das Thema ›Unser täglich Brot‹ malen. Im Zentrum hätte Sonja gestanden, die unseren Kindern das Brot austeilt. Denn, wenn auch immer vom Mann als Ernährer der Familie gesprochen wird, bin ich der tiefen Überzeugung, daß es die Geliebte, Frau und Mutter ist, die wie die Erde alles trägt, blühen und gedeihen läßt. Von diesem Gesichtspunkt aus ist sie die eigentliche Ernährerin – auch emotional. Nur deshalb habe ich meine Arbeit so gern gemacht: weil ich wußte, daß Sonja eine offene Hand hat und alles mit allen teilt.«
– Ich vertraue Ben in allem und bin dankbar für die Verantwortung, die er für uns alle trägt. Er vertritt uns als Familie da, wo ich überfordert bin. Er hilft mir auch bei Angriffen, die von anderen Menschen kommen, und schützt mich.

– Ich will mich bemühen, eine positive Haltung meinem Mann gegenüber zu haben und von mir aus alles für eine gute Kommunikation tun. Wir haben es uns angewöhnt, uns gegenseitig darauf aufmerksam zu machen, wenn Tage oder gar Wochen verstreichen und wir nicht wirklich Zeit zu einem tiefen Gespräch gefunden haben. Aber ich will auch sein Schweigen akzeptieren, wenn er mal nicht reden mag.
Eine positive Haltung ist aber auch notwendig, weil gerade wir Frauen gern vergleichen. Es gibt immer andere Männer, die besser aussehen, die besser Dinge im Haus reparieren können, die mehr Zeit für ihre Familie haben oder die mehr Geld verdienen. Auch »starke« Männer brauchen Ermutigung und Anerkennung für die kleinen Dinge!
– Ich will kreativ sein im Zeigen meiner Liebe: Überraschungen planen, z.B. einen spontanen Kinobesuch vorschlagen (auch wenn ich nicht so gern ins Kino gehe – er aber sehr), auch mal zu einem Fußballspiel mitgehen, ein Überraschungs-Abendessen mit Kerzen-

licht vorbereiten, ein Schaumbad für alle beide. . . Durch meine positive Haltung setze ich viel Kräfte für mich selbst und unsere Ehe frei.

– Meine Bereiche und Aufgaben, die ich in der Partnerschaft übernommen habe, führe ich auch aus und überlasse nicht einfach alles Unangenehme ihm. So ganz kommt er zwar nicht drum herum. Wenn's schwierig wird, muß er oft einspringen, weil ich z.B. einfach nicht hart verhandeln kann. Das kann aber je nach Typ unterschiedlich sein (oft ist auch der Mann zu nachgiebig . . .) – deshalb ist es so wichtig, daß wir unsere Begabungen kennenlernen und sie gemeinsam füreinander fruchtbar machen.

Wie verstehen Sie »Ihre« Rollen? Sind Sie zufrieden mit der Aufteilung der Aufgaben und Bereiche? Welche Wünsche schlummern in Ihnen?

B. Welches sind die »Spielregeln«?

Wenn wir jetzt über unsere »Rollen« nachgedacht haben, ist es wichtig, daß wir auch »Spielregeln« festlegen. Eine Partnerschaft, ein Haushalt ist wie ein kleines »Geschäft« mit verschiedenen Bereichen, die es zu bearbeiten gilt. Nur noch ein Bereich ist nach wie vor festgelegt: Kinderkriegen ist immer noch Sache der Frau. Und trotz aller Emanzipation leistet immer noch die Mehrzahl der Frauen die Hauptarbeit an der Erziehung der Kinder. Alles andere jedoch ist ziemlich offen.

Als erstes sollten wir die Kompetenzen klären. Wer ist für welchen Bereich zuständig? Wer managt die Finanzen? (Hoffentlich derjenige, der besser mit dem Geld umgehen kann!) Haben wir getrennte oder gemeinsame Kasse? Wer kocht besonders gern? Wer macht die Einkäufe? Wer kennt sich besser mit den Behörden aus? Wer organisiert gern? Wer erledigt was im Haushalt? Wann wird geputzt?

Neben den ganz praktischen, organisatorischen Fragen gibt es natürlich auch die anderen, die wir manchmal gar nicht selbst bestimmen können, uns aber doch darüber Gedanken machen sollten: Möchten wir Kinder haben? Wie viele? Und wann? Wie sehen unsere beruflichen Pläne aus? Welche Vorstellungen haben wir von gemeinsamer Lebensgestaltung?

Es ist ganz wichtig, daß wir zu Beginn der Partnerschaft über all diese Fragen reden. Natürlich »ergibt« sich vieles mit der Zeit, aber die Gefahr von schwelenden Konflikten wird ohne offene Gespräche drastisch erhöht! Wir haben unsere Bereiche nach und nach ziemlich festgelegt und sind »Mitarbeiter mit Informationspflicht«.

Einige ganz wichtige Spielregeln lauten:

– Nie abends spät oder wenn wir sonst müde und erschöpft sind, über schwierige Dinge oder über tiefgehende Meinungsverschiedenheiten reden. Es passiert uns natürlich immer wieder, aber mittlerweile sind wir so eingespielt, daß einer von uns meist sagt:

»Wir hören jetzt besser auf, wir sind zu müde, um das in Ruhe zu besprechen, und ein Streit bringt jetzt nichts.«

– Eine Regel in der Kindererziehung heißt: Wenn einer von uns mit den Kindern eine Abmachung trifft, dann »deckt« der andere diese, auch wenn er nicht damit einverstanden ist. (Natürlich streiten wir uns dann öfter hinterher, wenn wir mit der Entscheidung des anderen nicht einverstanden waren.) Aber die Kinder merkten sehr schnell, daß sie uns nicht gegeneinander ausspielen konnten. Wir hörten unsere Älteste mal am Telefon zu einer Freundin sagen: »Es ist so ein Mist, meine Eltern sind wegen dem Weggehen meistens einer Meinung, ich kann nichts machen!«

– Bei Konflikten und Streit versuchen wir die Dinge auszudiskutieren und Kompromisse zu finden, mit denen wir uns beide anfreunden können. Auch wenn es manchmal etwas laut wird, ist das nicht weiter schlimm. Hauptsache, wir reden miteinander, und keiner zieht sich in den Schmollwinkel zurück (was auch mal vorkommt!). Sicherlich muß jedes Paar eine gewisse »Streitkultur« entwickeln . . .

– Die wohl wichtigste Spielregel, die wir praktizieren: tolerant und flexibel sein. Keiner erwartet vom anderen, daß immer alles klappt. Wenn das Essen mal nicht pünktlich fertig ist (ist es sowieso selten), so ist das kein Unglück; wenn der Kühlschrank leer ist, so kauft halt einer ein; wenn alles drunter und drüber geht, so gehört das zum Leben. Wir haben uns daran gewöhnt, fast immer beweglich zu sein. Diese Haltung hält uns auch mental fit!

Welches sind Ihre Spielregeln? Wer »managt« welche Bereiche in Ihrer Partnerschaft?

C. Übung macht den Meister

Perfekte Partnerschaften gibt es nicht, und sie fallen schon gar nicht vom Himmel. Aber in allen unseren Beziehungen haben wir die Möglichkeit zu wachsen und sie zu verbessern.

Dazu brauchen wir in erster Linie Geduld – mit dem anderen und mit uns selbst! Wir sitzen letztlich alle im gleichen Boot: Ich bin nicht vollkommen und mein Partner auch nicht. Diese Einsicht ist natürlich schon mal eine wichtige Voraussetzung für Partnerschaft. Zu oft schleicht sich jedoch die Haltung ein: »Ich bin schon okay, das Problem ist mein Partner!« Mit dieser Einstellung wird es auch schwierig sein, miteinander Partnerschaft zu üben.

Lange Zeit hatte ich (Barbara) Schwierigkeiten zu akzeptieren, daß ich einfach viel weniger Gefühl für Ästhetik habe als Ben. Er konnte immer treffsicher sagen, was zusammenpaßt, auch bei den Kleidern – und ich bin doch eine Frau und kann das nicht! Ich fühlte mich sehr unzulänglich. Ich habe aber gelernt anzunehmen, daß er das eben besser kann. Heute macht es mir auch nichts mehr aus, ihn um Rat zu fragen, sei es beim Einrichten, beim Kleiderkaufen oder beim Anziehen.

Große Schwierigkeiten bereiteten uns am

Anfang unsere unterschiedlichen Auffassungen von Ordnung. Ich (Ben) habe mich über Barbara's Schreibtisch- und Küchenchaos aufgeregt und versuchte, sie zu erziehen – mit wenig Erfolg! Mittlerweile bin ich weniger kleinlich geworden, denn es gibt ja wirklich Wichtigeres als eine Ordnung, die nach Ausstellung aussieht. Und Barbara ist zum Glück sehr viel ordentlicher geworden und regt sich nicht mehr auf, wenn ich dann doch mal ihren Schreibtisch aufräume . . .
Wir hatten kürzlich ein lustiges Gespräch über »Kühlschrankgewohnheiten« von Frauen mit einem jungverheirateten Ehepaar. Na ja, die Frauen: Lassen Dinge im Kühlschrank stehen, bis sie grau werden, räumen die neuen Joghurts ein und lassen die alten hinten stehen! Barbara und ich haben uns nur angeschaut und geschmunzelt, als wir herausfanden, daß die jungen Leute deswegen immer wieder Streit hatten. Einige Wochen später meinte die junge Frau zu Barbara: »Ihr habt mir so geholfen. Seit mein Mann weiß, daß sogar du nicht eine perfekte Hausfrau

bist, streiten wir uns wegen des Kühlschranks nicht mehr!«
Gemeinsam finden wir meist eine Lösung, auch wenn es schon mal eine Haushalthilfe war. Auf jeden Fall lohnt sich die Bereitschaft zum Üben, damit nicht unwichtige Dinge von Mücken zu Elephanten werden!
Kommunikation kommt leider auch nicht von selbst – auch das muß man üben! Vielleicht ist das auch die schwierigste Hürde in der Partnerschaft: über Jahre miteinander im Gespräch zu bleiben.
Und natürlich braucht es auch viel Übung, gemeinsam Meinungsverschiedenheiten zu bewältigen. Vielleicht hilft es dabei, sich mal zu fragen, weshalb es zu Konflikten kommt. Welche Ursachen könnten dahinter stecken? Wie können wir lernen, damit umzugehen?

Wissenschaftliche Forschungen haben gezeigt, daß es sechs Wochen dauert, bis eine neue Handlung zur Gewohnheit wird. Welche neuen Dinge oder Verhaltensweisen möchten Sie anfangen zu üben?

5. Einander Freiraum lassen

In unserem Partnerschaftsseminar zeigen wir immer zwei gleich große Ringe, die sich mehr oder weniger überschneiden, und stellen dazu die Frage: Sind Sie mit der Verbundenheit und dem Überschneiden Ihres gemeinsamen Lebens zufrieden? Jeder Mensch ist unterschiedlich in seinem Bedürfnis nach Überschneidung und Freiraum in der Partnerschaft. Aber in jedem Fall sollte über dieses Bedürfnis miteinander nachgedacht werden. Ein gesundes Mittelmaß ist notwendig – also nicht so viel Freiraum, daß man wie zwei Fremde lebt, aber auch nicht zuwenig Freiraum, indem der eine Partner den anderen erstickt.
Der Mann einer Bekannten von uns erlaubte seiner Frau nicht einmal die Teilnahme an einem Turnverein, weil er wünschte, daß sie jeden Abend zu Hause sei. Er ließ ihr keine Möglichkeit zur Eigenentfaltung außer ihrer Arbeit – mit dem Erfolg, daß sie eines Tages die Scheidung einreichte.

Als wir uns auf Haussuche befanden, erzählte uns ein Verkäufer die Geschichte einer kleinen Ziegenglocke an der Decke. »Die muß ich unbedingt mitnehmen und wieder in mein Arbeitszimmer hängen«, erzählte er. »Meine Frau hat mir diese Glocke zu Anfang unserer Ehe mit der Bemerkung geschenkt, wenn ich ihr nicht mehr Freiraum gäbe, dann würde die symbolische Glocke an ihrem Hals zerspringen – und einen kleinen Sprung habe sie schon! So erinnert mich die Glocke immer daran, daß ich meiner Frau denselben Freiraum schenke, den ich durch meine Arbeit sowieso habe.«
Ich (Barbara) wäre wohl nie zum Schreiben von Büchern gekommen, wenn nicht Ben mich dazu ermutigt und gemeint hätte: »Du kannst das – nur mal los!« Auch kein Frühstücks-Treffen gäbe es ohne seine Ermutigung und den Freiraum, den er mir dafür gegeben hat.
Sich Freiraum geben beruht auf Gegenseitigkeit. Bei mir (Ben) ist das nicht anders. Ohne den Freiraum und die Ermutigung, die Bar-

bara mir gibt, hätte ich einige »verrückte« Projekte nicht in Angriff genommen und wäre um interessante Erfahrungen ärmer.
Freiraum könnte man gleichsetzen mit »Distanz, die durch das Vertrauen überbrückt wird«. Wir vertrauen uns so sehr, daß wir keine Angst haben müssen, dem Partner Freiraum zu geben. Nur Angst schränkt ein. Wenn gegenseitiges Vertrauen vorhanden ist, daß keiner den Freiraum zur Untreue ausnützt, wird er jede Partnerschaft bereichern.
Welches sind Ihre gegenseitigen Freiräume? Gäbe es einige neue zu entdecken?

6. Einander vergeben

Unsere Ehe ist mehr als ein Vertrag zwischen zwei Menschen. Wir haben einen dritten Vertragspartner von Anfang an mit einbezogen: Gott. Wenn wir in der Partnerschaft mit Gott rechnen, ihn ernst nehmen, dann ist es uns auch möglich, einander immer wieder zu vergeben, denn: Liebende leben von der Vergebung. Wir erkennen dann an, daß keiner von uns ohne Fehler ist. Punkt! Und wir leben damit, daß wir immer wieder aneinander schuldig werden. Wir sind in dieser Hinsicht immer Täter und Opfer in einem: Wir verstehen den andern nicht, sind böse, ungerecht, gehässig und tun dem anderen – bewußt oder unbewußt – weh. In diesem Fall sind wir darauf angewiesen, daß uns der andere vergibt. Meistens hilft es zur Versöhnung, wenn ich mein Unrecht einsehe und um Verzeihung bitte: »Du, es tut mir leid, ich war so fertig, ich hätte dich nicht anschreien sollen – du warst ja gar nicht schuld.«

Wir sind aber auch Opfer – wenn der andere uns unrecht tut, uns verletzt, niederdrückt. Dann ist er darauf angewiesen, daß ich zur Vergebung bereit bin.
Im »Vater unser« heißt es: »Vergib uns unsere Schuld, wie auch wir vergeben unsern Schuldigern.« Vergebung ist also eine zweigleisige Angelegenheit: Ich kann nur vom andern Verständnis und Vergebung für meine Fehler erwarten, wenn ich selbst zur Vergebung seiner Fehler bereit bin. Und bin ich das wirklich? Wie kleinlich registriere ich die Verfehlungen meines Partners? Komme ich mir als »der Gute« vor, der meistens alles richtig macht? Macht die Offenheit in unserer Partnerschaft es leicht, einander zu verzeihen? Oder bin ich mißtrauisch geworden?
Vergebung ist die Vollendung der Liebe, weil keine Liebe ohne Vergebung andauern kann. Wir müssen auch in der Partnerschaft realistisch sein: Jeder Mensch enttäuscht. Und kein Mensch kann die Erwartungen des anderen vollständig erfüllen. Wir sind immer

unfertige Persönlichkeiten, die miteinander leben lernen dürfen – oder müssen!
Die Bereitschaft, gemeinsam immer wieder neu anzufangen, ist die Voraussetzung für eine dauerhafte, gesunde Partnerschaft.
Wenn wir aufhören, miteinander offen zu sein und einander zu vergeben, dann schleichen sich sehr leicht Bitterkeit bis hin zum Haß in die Ehe ein. Und irgendwann erfolgt die Explosion. Bitterkeit und mangelnde Vergebensbereitschaft sind die besten Voraussetzungen für den »Mauerbau« zwischen Partnern.
Uns gibt der gemeinsame Glaube an Christus immer wieder den Willen und die Kraft, einander unsere kleineren und größeren Fehler zu vergeben.

Sind Sie gemeinsam immer wieder bereit, einander zu vergeben? Wie erleben Sie Ihre Partnerschaft als Abenteuer?

7. Einander Freund sein

Ist Ihr Partner Ihr bester Freund? Wenn eine Partnerschaft von Dauer sein soll, dann ist bleibende Freundschaft eine Voraussetzung dafür. Wir alle haben ja die gemeinsame Beziehung angefangen mit dem Wunsch, ein Leben lang zusammenzubleiben. Vielleicht kommen Kinder – aber die gehen irgendwann auch wieder – und wir zwei bleiben »übrig«. Deshalb ist es um so wichtiger, daß Partner Freunde sind!
Ein Freund ist jemand, der mich durch und durch kennt und mich trotzdem akzeptiert und annimmt.
Dieses »trotzdem« ist doch besonders in der Partnerschaft so wichtig, wo unsere Schwächen deutlich zum Vorschein kommen.
Ein Freund ist jemand, dem ich die unmöglichsten Gedanken und Gefühle mitteilen kann, ohne daß er mich verurteilt oder verrät. Es gibt nichts Befreienderes, als wenn man Freunde hat, denen man ungeschützt alles sagen kann und bei denen man auch mal

wütend oder ärgerlich sein darf. Entweder beruhigt mich mein Freund oder läßt mich einfach in Ruhe, wenn ich nicht auszustehen bin.
Ein Freund ist jemand, der auch in Krisen und schwierigen Zeiten zu mir hält, mir beisteht und mich durchträgt.
Ein Sprichwort sagt: »Ein Freund ist jemand, der kommt, wenn die anderen dich verlassen.« Wahre Freundschaft zeigt sich erst in Krisenzeiten. Vielleicht »lohnen« sich Krisen schon deshalb, weil man dann erst seine »echten« Freunde kennenlernt!
In der Partnerschaft ist »Durchtragen« in beruflichen Krisen, Krankheit, bei Erziehungsschwierigkeiten oder in anderen Umbruch- und Belastungszeiten gefragt – oder wenn sonstige Probleme auftauchen.
Allerdings darf Freundschaft nicht nur auf die Partnerschaft beschränkt sein. Wir brauchen Freunde außerhalb, die uns dann vielleicht helfen können, wenn wir uns in unserer Partnerschaft festgefahren haben. Wir waren zu Beginn unserer Ehe mit einem etwas älteren

Ehepaar gut befreundet, das uns sehr viel in unserer Beziehung geholfen hat. Immer wieder haben sie von sich aus Dinge angesprochen, die sie bei uns und in unserem Verhalten miteinander beobachtet hatten. Oder sie sprachen uns ganz offen auf unsere Sexualität an. Im Rückblick sind wir sehr dankbar, solche »Mentoren« gehabt zu haben.

Grundsätzlich ist es wichtig, daß wir nicht nur untereinander gute Freunde sind, sondern jeder von uns eben auch seine eigenen Freunde hat und wir einige gemeinsame. »Ein Mangel an genügend Freunden hat ähnliche Auswirkungen auf die Seele wie falsche Ernährung auf den Körper. Wer zu wenige gute Freundschaften hat, ist in Gefahr, seelisch krank zu werden«, schreibt der Psychologe Wolfgang Krüger in seinem Buch »Das schwierige Glück der Freundschaft«.

Ein Freund ist jemand, dem ich genügend bedeute, daß er mich in Liebe auf meine Fehler aufmerksam macht.

Das »in Liebe« auf die Fehler aufmerksam machen, fällt uns allen doch so schwer! Na-

türlich sind wir empfindlich, wenn es um Korrektur und Kritik geht, die uns betrifft, aber bei anderen halten wir gar nicht hinter dem Berg! Auch das ist ein Lernprozeß, unsere Kritik am anderen so zu formulieren, daß er es annehmen kann.
Freundschaftliche Beziehungen erhöhen das Lebensgefühl. Und zu lieben und geliebt zu werden ist das größte Glück unseres Daseins. Wenn es uns gelingt, unseren Partner als besten Freund zu gewinnen und zu behalten, dann haben wir das meiste gewonnen!

Sind Sie der beste Freund Ihres Partners? Haben Sie allein und gemeinsam einige gute Freunde, mit denen Sie über alles reden können? Sind Sie Gewinner im wichtigsten Spiel des Lebens?

Wir wünschen es Ihnen!

Einige Tips für gute Partnerschaft

1. Jeder Tag ist eine neue Chance für die Partnerschaft: Bauen sie Ihren Partner auf durch ihre Ermutigung und Komplimente. Haben Sie ihm/ihr heute gesagt, daß Sie ihn/sie lieben?

2. Lernen Sie, sich selbst anzunehmen. Sie sind eine einmalige Person mit einmaligen Gaben und Ihr Partner ebenso. Versuchen Sie, Ihren Partner ganz anzunehmen mit Stärken und Schwächen. Es gibt nichts besseres für Ihre Partnerschaft als gegenseitige Liebe und Annahme.

3. Denken Sie daran, daß jeder Mensch an jedem Tag zwölfmal positiv berührt werden sollte, um das emotionale Gleichgewicht zu halten. Zeigen Sie Ihrem Partner Zärtlichkeit, wann immer es möglich ist!

4. Nehmen Sie sich bewußt Zeit fürs Gespräch miteinander. Planen Sie eine »Ver-

abredung« mit Ihrem Partner mindestens einmal pro Woche, z.B. einen längeren Spaziergang, ein Essen auswärts ohne Kinder, einen gemeinsamen Kino- oder Theaterbesuch etc.

5. Schenken Sie Ihrem Partner immer neu Freiraum zur Entfaltung seiner Gaben. Sie werden beide gewinnen, wenn jeder seine Fähigkeiten voll zum Tragen bringen kann.

6. Schreiben Sie Ihrem Partner einen Liebesbrief oder planen Sie eine Überraschung für ihn.

7. Fahren Sie einmal pro Jahr zu zweit an einen Ort, wo es keine Arbeit, kein Telefon und keine Kinder gibt! Nutzen Sie die Zeit zum Nachdenken und zu Gesprächen über Ihre Partnerschaft und Ihr gemeinsames Leben.

8. Erinnern Sie sich immer daran, daß Sie nicht perfekt sind und Ihr Partner auch

nicht. Lernen Sie, einander immer wieder zu vergeben, so wie Gott Ihnen auch vergeben hat.

9. Leben Sie Ihre Partnerschaft bewußt und nehmen Sie sich vor, gemeinsam durch alle Höhen und Tiefen zu gehen. Suchen Sie gleichgesinnte Freunde, mit denen Sie offen über alle Bereiche Ihrer Ehe sprechen können. Vielleicht benötigen Sie auch fachmännischen Rat, dann suchen Sie ihn! Rechtzeitige Hilfe kann Katastrophen verhindern.

10. Investieren Sie in Ihren Partner! Machen Sie ihn zu Ihrem besten Freund. Nehmen Sie sich Zeit dafür und lassen Sie sich Phantasie für die Gestaltung Ihres Alltages schenken. Es wird sich auf alle Fälle lohnen!

In der »Kleinen Reihe zu Lebensfragen« sind bisher folgende Titel erschienen:

Rainer Haak, Wertvoll bin ich, wie ich bin (Bestell-Nr. 93 051)
Enja-Christiane Seemann, Ein gesundes Leben führen (Bestell-Nr. 93 052)
Uwe Böschemeyer, Sinn für mein Leben finden (Bestell-Nr. 93 053)
Andreas Ebert, Mich selbst besser verstehen (Bestell-Nr. 93 054)
Knud Eike Buchmann, Ein Problem ist auch eine Chance (Bestell-Nr. 93 055)
Uwe Böschemeyer, Der Weg aus der Abhängigkeit (Bestell-Nr. 93 056)
Knud Eike Buchmann, Es gibt Wege aus der Angst (Bestell-Nr. 93 057)
Barbara und Ben Jakob, Partnerschaft gemeinsam leben (Bestell-Nr. 93 058)
Uwe Böschemeyer, Sprache der Träume (Bestell-Nr. 93 059)
Hans Bouma, Der Weg geht weiter [Über Krankheit und Sterben] (Bestell-Nr. 93 060)